U0122450

·阿桂作品·

超级冷漫画6

疯了！桂宝

乐活卷

上海人民出版社

爆 笑 疯 桂 宝 之 第 六 季

图书在版编目（CIP）数据

疯了！桂宝.6,乐活卷/阿桂著.—上海：上海人民出版社,2011
ISBN 978－7－208－09879－4

Ⅰ.①疯... Ⅱ.①阿... Ⅲ.①漫画－作品集－中国－现代 Ⅳ.①J228.2

中国版本图书馆 CIP 数据核字(2011)第 039851 号

责任编辑　齐书深
封面设计　阿　桂

疯了！桂宝 6 乐活卷
阿　桂　著
世 纪 出 版 集 团
上海人民出版社出版
（200001　上海福建中路 193 号　www.ewen.cc）
世纪出版集团发行中心发行
上海锦佳装璜印刷发展公司印刷
开本 787×1092　1/16　印张 14　插页 2
2011 年 4 月第 1 版　2011 年 7 月第 3 次印刷
ISBN 978－7－208－09879－4/J・240
定价　32.00 元

最高级的一种放松是……
疯！

目录

contents

爆 笑 疯 桂 宝 之 第 六 季

疯了!桂宝

目录

contents

阿桂哥自从来到地球上以后，就开始没完没了地胡思乱想，想着想着还不过瘾，便开始了长期的非常有使命感的乱涂乱画，从小时候家里的白墙，一直乱画到了今天的电脑屏幕，可谓是坚持不懈、矢志不渝。画着画着，观众从父母增加到邻居，到同学，进而到今天数以千万计的读者。这时，阿桂哥才忽然发现，他好像疯得有点大发了。不过，他的胡思乱想实在很难控制，唯一能让他正常的方法，就是让手里画的小人儿去使劲疯，于是《疯了！桂宝》便隆重地加入到了阿桂哥的乱涂乱画大军中。

欢迎光临阿桂哥的奇思妙想异世界

陪伴着孤独天才桂宝的可爱小狗，是一条标准的有了吃的，就不再烦心任何事的，超级乐观狗。当然，它也不知道什么叫乐观，反正是吃嘛嘛香，身体倍儿棒。

基本属于一个正常人，是桂宝的好朋友，常常被桂宝冷到崩溃，已经逐渐开始不正常了。

阿芹

阿玉

阿芹苦苦追求的女朋友，性格难以捉摸，忽冷忽热，是一个典型的爱情虐待狂。

能够用表情回答一切问题的超强表情专家。

任何时代，任何人都可以成为与众不同的天才，而桂宝就是其中最疯、最冷的一个。

桂宝

友情客串的专业动画演员，是桂宝的师哥，目前在动画片界发展。

胖狗狗

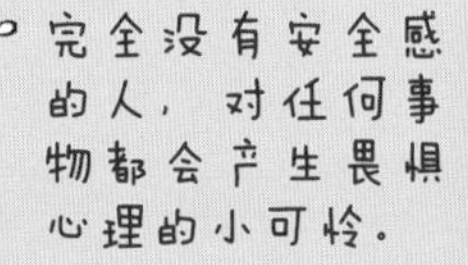

完全没有安全感的人，对任何事物都会产生畏惧心理的小可怜。

是世界上唯一一条有思想的狗，思想深刻，忧郁的眼神就像个哲人，可是有才华的人往往都有些丑，丑狗狗也没能脱俗，狗如其名，丑得可以。

欢迎光临阿桂哥的奇思妙想异世界

| 第六季 |

招财进桂宝
CRAZYKWAIBOO

CRAZY KWAI BOO

桂宝南天游记 PART02

书接上季!
天门可
不是好
过的噢。
尔等何人,
报上名来!
嗯,得脱
衣检查。

你们四个
臭小子,
再玩老夫~
我就把你
们分元神
到下界做
明星的事
告诉玉帝。

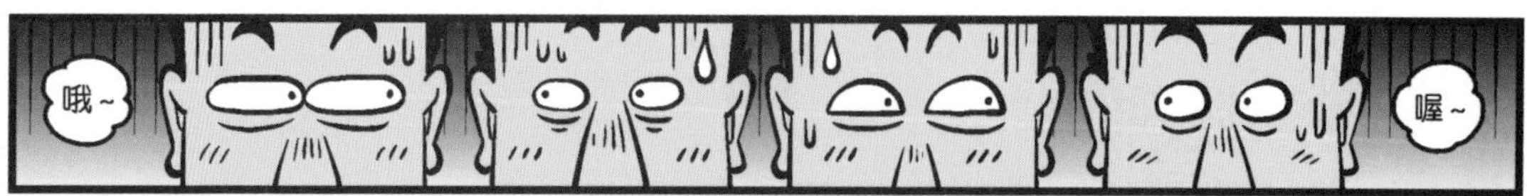
哦~
喔~

灿烂~
笑容~

开个玩笑
嘛,太白
大哥不要
生气嘛。

哦！下面的四大天王，
是你们的元神啊！

是啊！
那是
因为~

在我们
威武的
外表下
面~
有一颗热
爱艺术的
柔软的心
啊！

给我一杯忘
情水……
我和你吻
别……
对你爱爱爱
不完……
就这样
深秋一
个黎明
……
看来他们的艺术
细胞都下凡了。

哦！好
像有人
在看我
们！

哦！

啊！
神马玩意！
这是？！
唔！
嗖！！！

千里眼！你来有什么事？

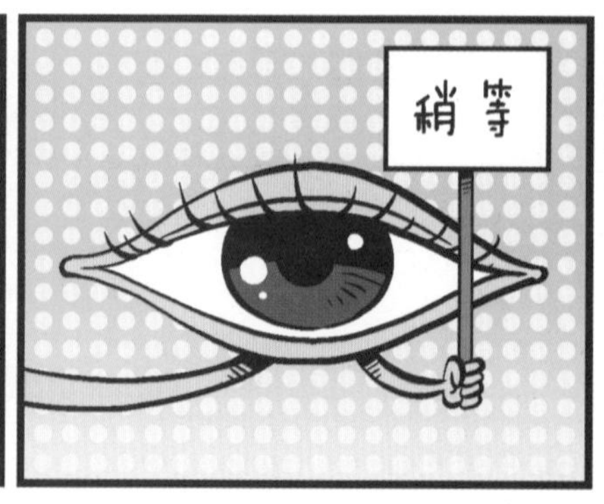
稍等

他说
嗖！！！
噢！千里嘴你也来了！
哦！这又是神马玩意？
哦！

真慢
当然慢了，你见过嘴比眼快的吗？

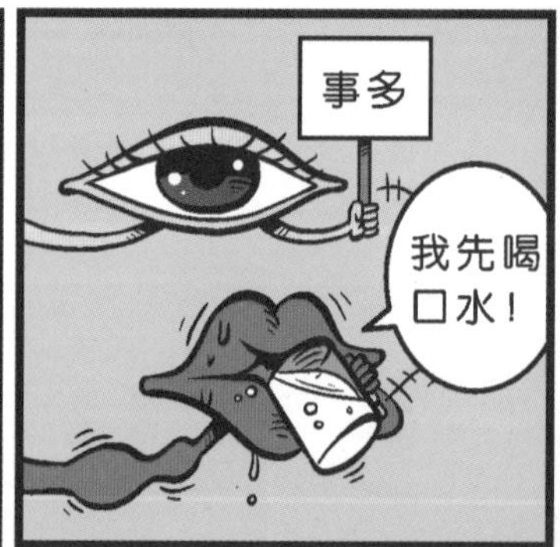
事多
我先喝口水！

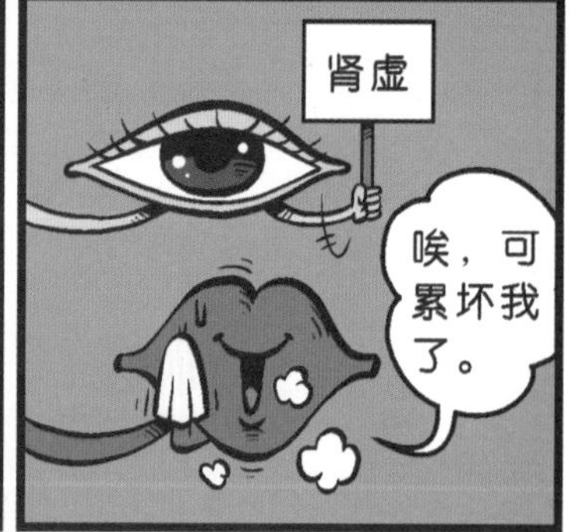
肾虚
唉，可累坏我了。

准备好了，我要说啦。
噢~

出大事啦！玉帝叫你们快去！
啊？！

来,快抓住我俩的脖子!
带你们去大会!

轻点，我颈椎不好。

走喽~
嗖!!!
嗖!!!
慢走,有空一起k歌啦。

嗖!!!
嗖!!!

喔！这是?
这里是?!

蟠桃大会宫!

好大的桃啊!

万岁
哎呀妈呀！
你们咋才来呢？
脖子好累~
哇！玉帝你好年轻啊！
嗨，吃人参果吃的，吃多了。
微臣来迟，陛下恕罪！
别客气啦，快跟我走。

我们去哪啊？
去大会组委会。

我们关门小声说话！
啪嗒！

蟠桃会开不成了！
为什么啊！？

因为桃全没啦！
桃～没了！

哦！

又是他……

好啦！你们少看我！桃不是我吃的！我上次吃桃都吃伤了！

不要冤枉悟空！我知道谁偷吃的！

师父，还是你对我好啊，快说是谁！

大家注意！偷吃的人一定脸红！
噗！

气氛太沉重，
开个玩笑嘛~
不要玩我，
好吗……

啊呀！我想起来了！

这事就是因为
我记性不好！
怎么回事啊？

玉帝派我去尝个
桃子，看熟没熟。

咦，我吃了吗？

然后，我就
又吃了一个。

然后又忘了，

然后……
全吃光了。

多亏我刚刚
放了一个屁，

闻到有桃味，
就想起来了。

疯了，派猴看桃子出事，
派猪尝桃子也出事。

玉帝别急，我有个办
法！但要一个人帮我！
什么办法？！

到哪里啊?

我说方向，你
开动就好啦!

悟空哥，我好
崇拜你啊!

别抱这么紧好吗?
别人会误会的!

我们买东西去!
嗖!!!

……

结账!
嗖!!!!

是梦吗?

嗖!!
我买!
嗖!!
我买!
我买!
嗖!

大功告成,我们回去!
你这一大包都是什么啊?
嗖!!!!

带回来
什么啦！
不知道
是什么。
玉帝，我
们回来啦！
哼哼，这
就是~
请看！
唰！！！
黄桃罐头！
哦！
我尝
尝~
咕叽~
哎呀，这味
道太正啦！
让我找到了
初恋的感觉。

蟠桃大会正式开始，
下面请玉帝讲话！

各位仙班，大家知道，天上一日，世上百年，
我们天宫的发展速度离人界是越来越远了。

下面请人界考察专员风神桂宝讲
讲我们如何才能跟上人界的时代。

各位，天宫要想进步，重点就是
要在视觉上有一个全新的包装。

接下来，我就为大家做专业的造型服务，
这里特别鸣谢猴哥借了我把毛来用。
臭小子，什么
时候拔的？

哈！

呼~~

桂宝毫毛
大分身！
扑扑~
呼~
啦啦~

现场造型室
众位神仙，请和各自的桂宝造型师换装造型。
这边~
七仙女，你们和我来！
玉帝，来这里换新衣服！
灶王爷，你这边请！
嫦娥姐姐，您到这边来试装。
哪吒兄，请这边来。

哪咤兄，你的风火轮不安全，又不环保，这个给你穿，滚轮溜冰鞋！
噢~

托塔天王，您那个塔太不人性化了，天界也和平了，您托一下蛋挞，会更有亲和力。
哦~

千里眼，这叫睫毛膏，画睫毛特别漂亮！
多谢

千里嘴，给你珠光唇膏涂涂。
哈！我早就该美美了！

太白金星，下面有个白胡子老头就是这么打扮的，来再把眼镜带上。
咦？我忽然很想杀鸡啊~

茄子~~

本届蟠桃大会!

成功!

宝语录之可爱

秦王嬴政统一六国后！觉得这是亘古未有的功业，再用王来称呼自己“无以称成功，传后世”！

秦王于是命丞相与几位重臣商量新的称号。
众位爱卿，可有想到好的称号啊？

丞相认真地说道：
微臣已经想到了，大王您德高三皇，功过五帝，微臣认为应在“三皇，五帝”中各选一字来配大王！

噢~那叫什么呢？

您就叫35吧！
哦！

表情仔之爱情

表情仔的爱
情是这样的~
能用表情
表示一切
的表情仔

暗恋
嗯~

表白
嘿~

恋爱
嘻~

哈~
热恋

失恋
哦~

看破
红尘
空即是色~
色即是空~
好玩吧~

遛狗秘技

向各位养狗人士传授
一个冬天遛狗的秘技！
噢！是
什么？

加油~
唔~

捡~

记得，捡狗屎，一
定要刚拉就捡！
为什么？
怕冻上嘛？

不，这样做的
好处是……

趁热乎，暖暖手~
哦！

胖的原因

北极熊的秘密

北极熊馆
请勿攀爬

儿子记住！要注意保护好头发，人秃顶还行，因为他们毛本来就少。
噢~

而我们北极熊就不同了！
怎么？

我们秃顶就会非常冷，非常明显！
不会遗传吧~

出来吧

桂宝表演谜语题，
打一七字诗句。
出来吧，出来吧~

出来吧，出来吧，
出来吧……

出来吧，出来吧，
出来吧，出来吧，
出来吧……

嗨~

答案就是：
千呼万唤屎（始）出来~
疯了！

宝招牌菜

臭贝的绝招

臭贝，又在屋里尿尿！
我最烦你！我最烦你！
宝，别总这么训贝贝啦。
唔~

你别管，不教育不行！
小臭子，知道错了没，
记住，我……
……

啵~

讨厌啦~偷亲人家~
好啦~原谅你啦~
大肥疯~
嘿嘿~

宝妹之秘密

哥,你知道为什么我这么热情，你这么冷静吗?
为什么?

老妈告诉我秘密了!
噢?

她怀你时总吃雪糕！怀我的时候，她就……
怎么?

总吃火锅!
哦~

家畜大会

这天小牛、小羊、小马开大会，小牛先发言：
人类太狠了！他们抢走了我的奶！
哦！
哦！

小羊接着悲愤地说：
人类太狠了！他们抢走了我的毛！
哦！
哦！

小马这时严肃并沉痛地说道：
人类太狠了！他们……
抢走了什么？！
啊！跑腿的，也有东西被抢？

小马大叫答道：
他们抢走了我的马桶！
马桶！
哦～

特异功能

特异功能研究所
我们测试一下您的透视能力，
请您透视并画出看到的图。
请透视板子
后面的图案。

画~
画~

错了，是
三角形啦~

没错，你肚里是汉堡！
接着
画~

我确实刚吃的汉堡，
可你这又画的是？

你膀胱太满，
该上厕所了~
疯了！你别
往下看啊！

宝道具谜语

给大家出一个桂宝道具谜语题!
现在的道具状态打两个两字名词。
是什么啊?

答案是:
关心和开心!
噢，太有才了~

现在的状态再猜
两个两字名词。
是什么?!

我是花心~
你是痴心~
哦~我闹心~
痴阿芹~

表情仔之晚餐

桔子老公

疯了一家亲之碰面

阿芹啊~
最近忙不?
还好~

宝贝!
儿子!
老哥!
哦!

呼呼啦啦~

我们好想
你啊~
亲亲
捏捏
掐掐

扑扑啦啦~
拜拜

我就是我们
家一宠物~
还活着吗~

吃拉面

阿芹，我最近学会拉面了。
是吗~

来，尝尝我的手艺~
哈哈！好哇！

好吃吗~
好吃！

嗯！这是我有史（屎）以来拉得最好的一碗！
听着怎么这么别扭呢~
噗~

牛马奇谈

心里话

很久以前，
狗和猴是
平等的~

很久以后，狗
就还是狗，猴
就变成狗的主
人——人。

这是为
什么？

原因就是
一句话！
知识改变命运啊~

风格

胖狗狗，你知道什么是我的风格吗？
是什么？

疯了，是我的风格~
噢~

你的风格，我也非常有研究！
哈，我是什么风格啊？
你可不要说是胖啊！

黄色，是你的风格~
哦！

和蔼

阿芹，你很和蔼啊~
哦，
怎么？

啵~
啊！你干嘛！

我可以亲和蔼的人，
因为"和蔼可亲"啊！
大肥疯！
还我清白！

店长，你最和蔼了~
臭肥疯，拿
我铺路啊~

诗谜宴　上

在下学了一个诗谜宴。
我们都是文人，今天就给大家做这个诗谜宴，四道菜打两句古诗~
多谢~
桂兄~

第一道菜，两个煮鸡蛋黄，几根青菜丝。

第二道菜，将一个蛋的蛋白切块排一字，下配青菜叶。

第一、二道菜的谜底就是：“两个黄鹂鸣翠柳，一行白鹭上青天。”
好有诗意啊！
不愧是疯界第一才子啊！

第三道菜，清炒一个蛋蛋白。

第四道菜，一碗清汤，上面浮着几片蛋壳。

第三、四道菜的谜底就是：
“窗含西岭千秋雪，门泊东吴万里船。”
哎呀~
太有才~
太有意
境了！

这次以菜会友，两位别客气，
前三道我吃，第四道你俩吃~
哦~
疯了~

关于睡

有底气

宝，你干嘛喝
这么多汽水啊？

我要向店长告
白，补补底气~
噢~

哈哈！这回
我有底气了！
加油！

没憋住~
又没了~
아
아
아
아
아
아
아
아
아
哦~
连环屁~

别惹阿玉

阿玉，你爱我吗？
忙着呢，别烦我~

阿玉，阿玉，爱我吗？
去死~去死~别烦我~

呦！你真舍得呀，
那我怎么死啊？
……

你华丽地去死吧！
女友山升龙霸！

手相趣谈1

手相主要由生命、事业、智慧、感情四条线组成，今天我们来好好聊聊。
感情线
事业线
智慧线
生命线

事业线与生命线起点相同的，多热情善良，有文学天赋，喜爱成熟的伴侣。
热情
文学

生命线和智慧线起点相同，后端不重合的，多做事果断，适应力强，财运好。
果断
适应力

无名指和小指的指缝下面，有两条竖纹的，为“创作纹”，多才华，有成就。
创作纹
才华

生命线和智慧线，两线夹角超过30度的，多勇敢热情，敢拼搏，创业运好。
勇敢
创业

呵呵，掌纹还会随着年龄与学识的增长,而不断改变的。天道酬勤，大家努力把命运抓在自己的手里吧！
嘻嘻，哥的手相就是有才华的人噢！

面相趣谈1

面相是很神奇的，今天宝半仙给大家说几种旺妻相好男人，姐妹们仔细看噢~

双耳贴脑的男人拥有最佳耳相，多心地善良，值得信赖，成就很高。

有悬胆鼻的男人多身体健康、聪慧热情、积极有为，事业多有所成。

有国字脸的男人，多人缘好，宽厚踏实，做事坚毅肯干，典型好丈夫。

脸颊饱满的男人，多理性冷静，做事认真勤恳，有魅力，事业多有成就。
比如我~

姐妹们，找到自己心目中的好老公后，也要懂得经营好感情噢，正所谓攻城容易，守城难啊~
啊！不亏是大师啊~我就是国字脸啊！

F.E.N.G学院运动大会

FENG学院
的各位好
同学们！
今天是我们
全球闻名的
FENG学院
运动会的大
好日子！

嘿
嘿

F！
E！
N！
G！

哦耶！

……

感谢小猪啦啦队的精彩演出！我们学院有着优良的传统，严谨的教师，优秀的学生！让我们在运动会中尽情地挥洒青春的汗水吧！

下面由老师代表
喵喵老师发言。
哦……

疯了！咱学院没
正常人了是不？
我困了~

下面由学生代
表便便弟发言。
好好发言啊，我们FENG
学院的形象就靠你了！

嗯……
加油！
说吧！

小花！我喜欢你！
做我的女朋友吧！

啊！

臭小子别跑！我
要罚你天天值日！

下面，运动会
正式开始！

第一项比赛，铅球就要开始了！
很期待啊！

第一位是A班的番茄同学！他信心十足地向观众挥手！目标是要打破蔬菜界的记录。

嘿！

嘿！

嘿嘿！

他向裁判示意准备好了！
把球给我！

……

番茄同学的成绩是0米！他在下届运动会将代表酱料组参加比赛。
我会回来的！
番茄酱~

我看铅球冠军肯定是野兽班的犀牛同学了！
铅球对他来说，就好像小皮球啊！

犀牛同学上场了！

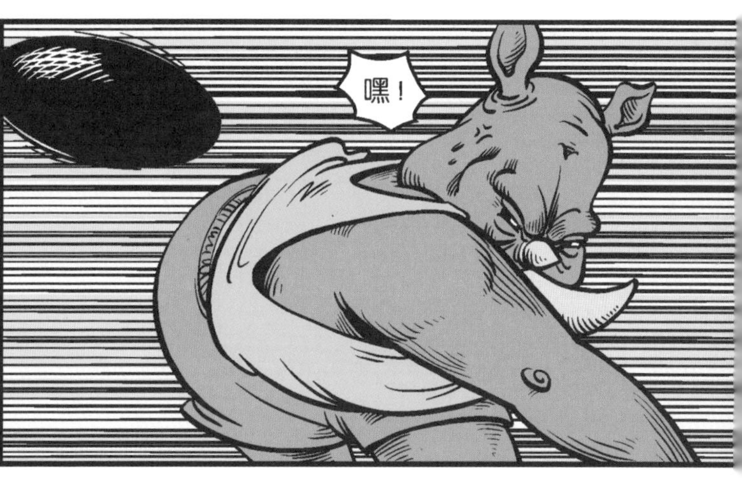
嘿！

嗖！！！

轰！

前线报道，28千米！
打破了奥运会记录！

赠铅球运动员——运动场上红旗飘！
西红柿犀牛耍飞镖！好诗，好诗！
感谢6年级2班王红雷来稿~

下一个上场的，
就是那个新生！
难道
是？

F班的桂宝选手上场了！
穿成这样真是奇特啊！
年B班！
加油！奋斗
B年F班！

疯了，这要能赢，
我把稿纸吃了！
啊！校长
发狠话了！

叮~

嘿

桂宝选手投了，看这水平
估计也就能超过西红柿！
哈

啊！铅球停
在了半空！

嘭！

太神奇了！铅球长
着翅膀飞了起来！
慢~慢~悠~悠~
2

铅球飞向了远方~

前线报道，铅球已经飞进……
啪！

3号桂宝成绩是2800.5米！

桂宝桂宝！
耶！
画个圈圈……

我吃！
……

跳高

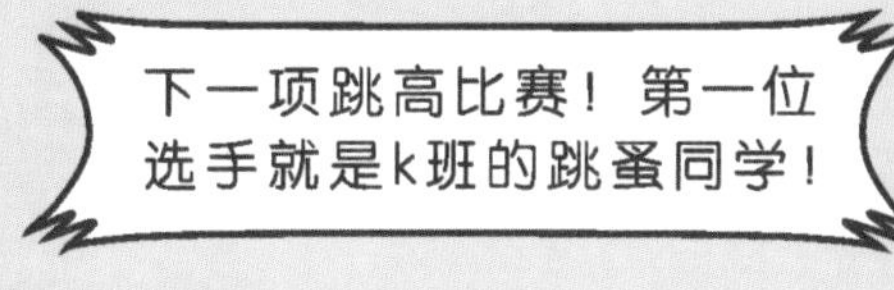
下一项跳高比赛！第一位选手就是k班的跳蚤同学！

跳蚤同学在小狗同学身上吸了几口血，补充力量！
加油！蚤哥！

拼了！

啊！跳蚤同学跳过了自己身高几十倍的高杆！
他和女友拥抱在了一起！
亲爱的，我成功了！
我就知道你行的！
跳蚤的成绩是0.05米~
哈！
下一位选手是，A班的袋鼠同学！
冠军肯定是袋鼠，你看这大腿！他要不得冠军，我把话筒吃了！
校长，你还敢放狠话啊！
袋鼠起跳了！
哇！
袋鼠成绩是4米！
呼！
呼！

3号选手桂宝上场！他这又穿的是什么啊?!

啊！他裤子竟然是带门的！

开玩笑呢，这肯定赢不了！
我没看错吧！这么大屁股！

啊，这是！？
咦！
卟！

啊！好强劲的屁力！桂宝同学直穿云霄！这得吃多少地瓜啊！
嗖！
啊！

呼~
桂宝同学的高度是35785千米！
这胖~
是人吗?

我吃~
真吃啊~

我就不信了！100米他要能赢，我把桌子吃了！
不要吧！

100米赛跑
1号选手F1同学！
2号选手飞毛腿同学！
3号选手桂宝同学
哈！这场会飞的、会屁股喷气的都有了！

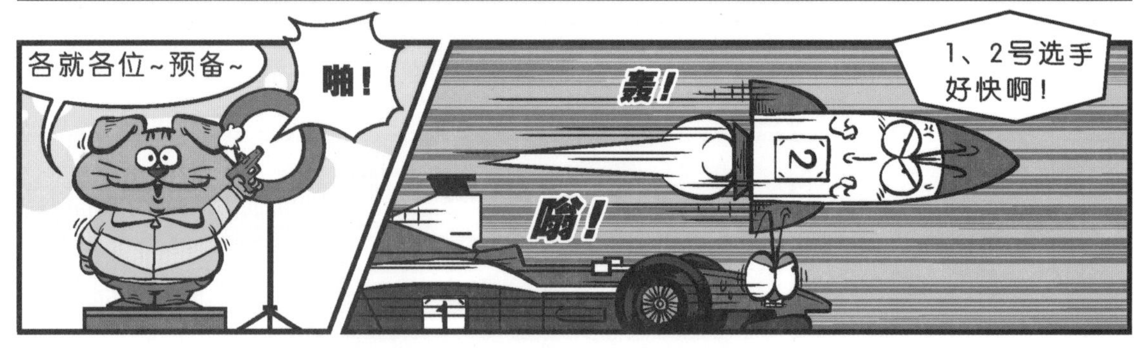
各就各位~预备~
啪！
轰！
嗡！
1、2号选手好快啊！

啊！筋斗云！
哦！
据估计筋斗云的速度应不低于62.5千米每秒！
空哥借我的，哦耶~
嗖
哦！
桂宝冠军！

……

您下回不会吃我吧!
我吃!

1500米长跑
1

跳远
2
1
2

喵喵老师!咱能换一个上不?
别客气,就这样吧~

哼哼,最后一个项目!你们想赢可没这么简单!

那就是4×400米接力赛！
一人跑得快是完全不够的！
噢~
耶~

A组！
小毛驴~
北极熊~
啃得鸡~
饭老鼠~

B组！
金钱豹~
藏羚羊~
面浣熊~
帝企鹅~

C组！
我已安排好
了全套战略！
阿芹~
桂宝~
害怕咚~
小臭贝~

这他要能赢，
我把椅子吃了！
你疯了~

各就各位！预备！
嘭！

第一棒，是小鸡、企鹅、阿芹，大家都在奋力地奔跑着，时速都达到了1米，疯了，这是慢动作比赛吗！现在是桂宝的师弟帝企鹅遥遥领先！
好困~

阿芹交棒了！

啊！臭贝头上的神秘盖布被揭开了！

唔！

在骨头面前，小臭贝爆发了惊人能量！
它超过了A组的北极熊！但B组浣熊还遥遥领先！
噢！
吃得比狗多，跑得比鸡慢。
人家是温柔型的啦！

小臭贝交棒了，第3棒是桂宝！
乖~
唔~
毫无悬念！桂宝以最快的速度追平了B组的羚羊同学！
哦！

最后一棒是害怕咚，对手是猎豹和毛驴！这怎么可能赢呢！

啊！桂宝在害怕咚耳边说了些什么！
……

害怕咚同学怎么还不跑！毛驴已经超过他了！他像是在做激烈的思想斗争！

啊！！！
啊！小咚爆发了！

害怕咚大叫着，高速超过了前面的毛驴！直追猎豹，这速度不比筋斗云慢啊！
我恨我自己！！

哦！他都口吐白沫了！竟然还在疯狂加速！

啊！撞线啦！害怕咚的崩溃毛第一时间撞线，真是千钧一发的胜利啊！

我吃！
大哥，咱别吃了，颁奖去吧~

运动会胜利闭幕！颁奖开始！请冠军班代表桂宝上台领奖！
F.E.N.G运动会颁奖礼

啊~

啊~

啊~

哦~

噗~

是因为我之前摸过便便同学！

哦！

·本集完·

如果他摸了我，我会不会传染上细菌啊，我会不会死啊，要是女孩知道我被便便手摸过，我会不会找不到对象啊~那可是生不如死啊……

当时小咚是这么想的：

4

便便哥，你今天头型真帅！

嗯，桂宝帮我捏的。

宝语录之时间

历史题

同学们，1815年美军在美英战争的新奥尔良战役中，夺回该城，并最后取得了独立战争的胜利。

现在请问，如果当时英国赢了，历史最重要的改变是什么？
没有了现今世界格局！
没有了美国的独立！
没有了现今的经济体系！

都不对，最重要的是……
什么？
什么啊？
是什么？！
那是？

如果英国赢了，现在就没有新奥尔良烤翅了~
哦！
哦！
哦！
哦！
哦！

西红柿的决定

西红柿，你应该站在我们蔬菜一边啊！
啊~好为难啊~
小西，你要站在我们水果一边才对啊！

犹豫什么啊！
好吧！我决定了，我要站在……
选择吧！小西！

等等！还有我们呢！
慢着！
怎么？
噢？
是谁？

准番茄酱，你是站在我们调料一边，还是食材一边?!
决定吧！
哦~
哦~
天啊~我怎么这么有才啊！

宝的脸蛋

害怕咚之买房

害怕咚，最近看这形势，打算买房吗？
哦！

现在买吧，又怕将来真的跌了；不买吧，万一将来涨了，买不起怎么办？买吧，还占一大笔钱，耽误现在的生活和工作；不买吧 租房子也越来越贵了，到时我的孩子没地方结婚怎么办啊？父母没地方养老怎么办啊？哎呀，想孩子还早，我要是没地方结婚怎么办啊？这男人也太难了，赚点钱永远赶不上房子涨啊！成天合计这事，还谈什么理想啊~完了，我的理想人生结束了……

小咚，你怎么啦？

还我的理想啊！
什么毛病？

坚持

坚持你的理想吧，
坚持是最重要的！
嗯~

记住，上帝关上一扇门时，
还会为你开启一扇窗的。

如果窗户
也关了呢~

那我们就撞墙，别人是不撞南墙
不回头，我们要撞破南墙继续走！
嗯！我
记住了！

注意卫生

阿芹，你太不讲卫生了！
为什么这么说啊？

你经常是一脸便便啊！
我脸上哪有便便啊？

那是因为你脸上有……
有什么？！

有眼屎~鼻屎~耳屎~
哦~还真有~

最烦你

看你睡的那肥样啊~
瞅你胖的那肥样~

小臭子！小臭子！
你就是一团臭肉~

看什么看，一条臭
狗，我最烦你了~

我最烦最烦你
了，知道不~

表演谜语之翩

今天给大家出一道
桂宝表演谜语题。
开始吧~

不要乱动！
啊你干嘛！？

写~
写~

现在的我们的状态
打两个四字成语！
什么啊！
也
翩

答案就是：
我的肚是风度（疯肚）翩翩，
他的头是空空如也~
也
翩
哦~

女人分手

分手!!
好!分手!

分吧!

分照片!

分枕头!

分电视机!

还有什么?哦!
笔记本!

我们相恋时,合买的笔记本~

把锯放下吧~
嗯,老婆~
我……

这个不用锯!
啪!
哦!

最狠女
人心啊~
给!一人
一半!

宝谜语之小猪

给大家出一道桂宝连环谜语题！首先，我走近小猪后，就把衣服脱了，这个动作打一四字成语！
肥疯，又脱！

答案是：近朱（猪）者赤~
哦~
哦~
赤裸~

然后，小猪又把衣服脱掉了，我就很生气！这个状态再打一四字成语！
是什么啊？

答案是：珠(猪)光宝气
哦~
大肥疯~

古墓鬼吹灯

这日，桂宝博士和助手阿芹夜探古墓。
博士，你快看看，这
火有些不稳定啊！

博士，我怕鬼吹灯~

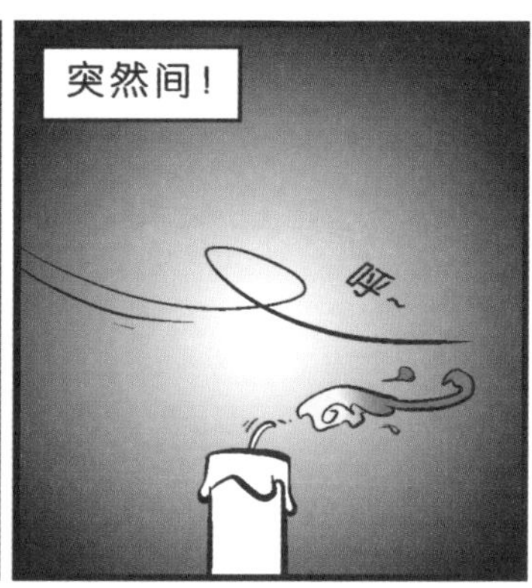
突然间！
呼~

啊，真的鬼吹灯了！
啊，鬼吹灯啊！
救命啊！

别怕！
放心！
噢~

我有鬼点灯~
妈呀！

踩便奇遇记 上

周末郊游，心情真好~

噢！

呀！踩大便了！

啊！老公，你死得好惨啊，叫你上街躲着点鞋！
嗯！

呜~~
老公~

老婆~别担心~我还没死呢~

太好了，怎么救你啊？

趁热乎搓成团，还有救~
快点搓吧~大哥~
哦！

哪能洗手啊，这味
我可真是挺不住了~
谢谢你了！大哥！
搓好了~

好，谢谢！
前面就有~

哈！看到了！

洗手100元
洗鞋200元
方圆百里，
只此一家。
见到我
爸妈啦~
哦……

岁月的秘密

时间相对论

今天晚上6点
要和店长约会。

人越紧张就越觉
得时间越来越慢。

还不到6点啊，时间
就好像静止了一样。
哦~

大哥！你
表停了！
都7点了！
不是吧！
死肥疯！又迟到！

桔子太太

公司晚宴就要开始了，你快去打扮一下，我们出发~
好！

老婆~记得今天要打扮得漂亮些！
嗯！

女人打扮就是慢啊~
亲爱的，好了吗？
我好了！老公~

老公，我这个低胸晚礼服怎么样？
嘻嘻~
哦！太暴露了！咱家东西不能给外人看太多啊！

手相趣谈2

手相主要由生命、事业、智慧、感情四条线组成，今天我们来好好聊聊。
感情线
事业线
智慧线
生命线

智慧线与感情线中间，有十字纹的，又名“神秘十字纹”，多爱好哲学玄学。
神秘十字纹
哲学

感情线深长，且后部有分叉向下弯的，多是爱情专一，愿意为爱做出牺牲。
为爱付出
专一

小指下掌边的婚姻线，线长者，多眼光高，晚婚；线短且少者，多随和早婚。
早婚
晚婚

感情线细长且深的，多感情细腻，为人做事细心周到，反之，则为人粗犷豪放。
细腻
豪放

一个人一定要注意处理好感情和智慧的关系，也就是理智与情感的平衡，这样才会获得幸福的爱情噢~
嘻嘻，哥就是感性又理性的人，心灵伴侣啊！你快出现和哥一起幸福地生活吧！哈哈~

面相趣谈2

面相是很神奇的，今天宝半仙给大家说几种旺夫相好女孩，兄弟们仔细看噢~

金形女面方有肉、眼神柔和、颧鼻相配，多善良体贴，助丈夫长寿。
面方

木形女下巴肉厚、眉清目秀、眼有灵光，多温柔聪慧，助丈夫才气。
瓜子

水形女面圆鼻正、耳有垂珠、气定神闲，多乐观快乐，助丈夫财运。
面圆

火形女骨起有肉、双目不露、眼神慈和，多自立坚强，助丈夫事业。
面尖

如果找到了好女孩，记得要好好珍惜啊！一个不懂得关心女孩的男生，就是个傻瓜~
噢！阿玉是金形啊！

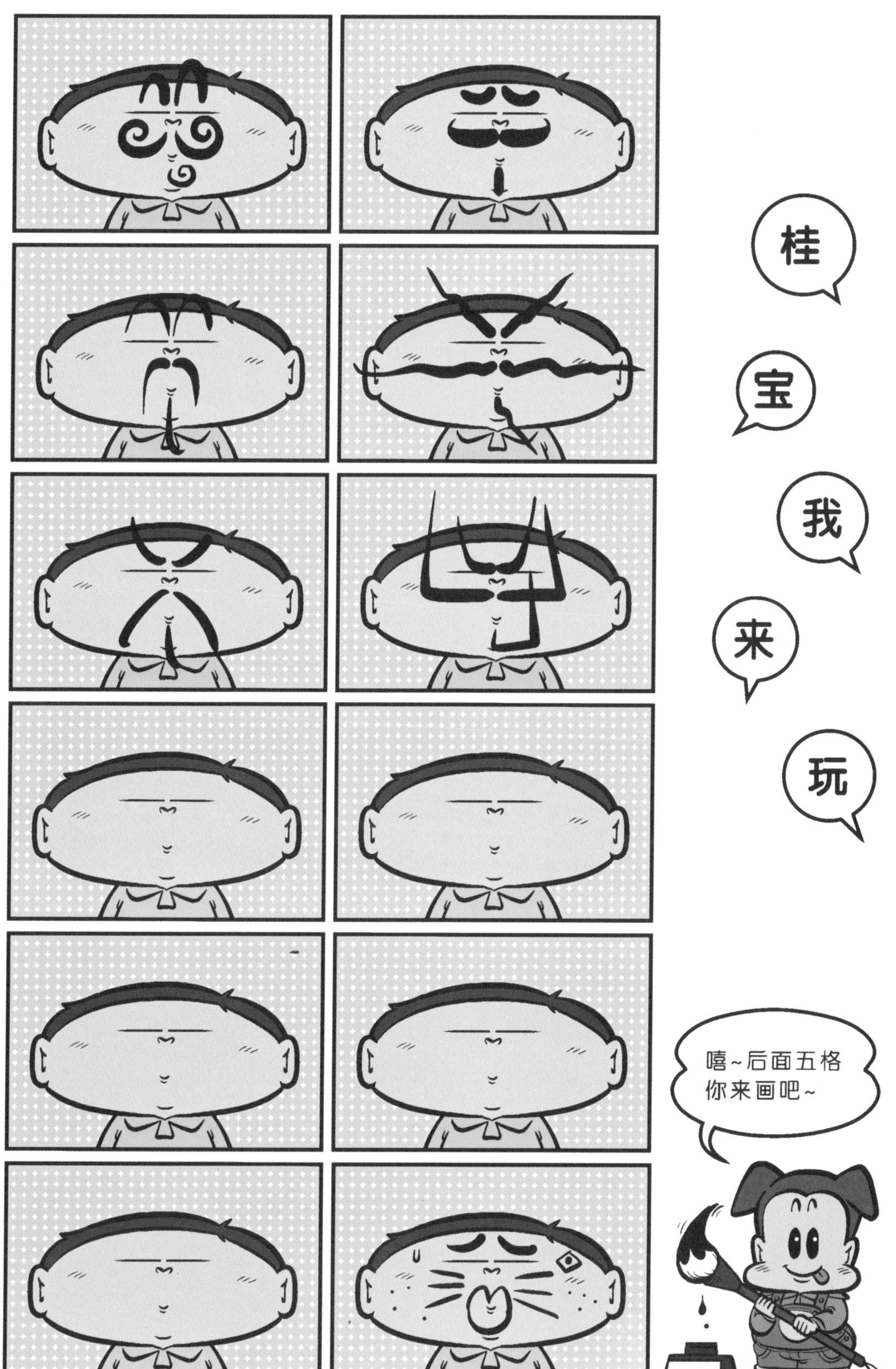
桂
宝
我
来
玩
嘻~后面五格
你来画吧~

害怕咚之对象

这是害怕咚，
他什么都害怕！
小咚，你有对象吗？

我还真没有，但是说没有吧，还真是怕人笑话我这么大还没对象；说有吧，这不是撒谎吗？我最不愿意撒谎了，要是被发现了不更让人笑话啦~要是没发现，还怕大家都以为我有对象，都不给我介绍了。最重要的是，要是女孩们都知道了，以为我名花有主，我岂不要一辈子打光棍了，我们老咚家这可就没孙子了。呀！该不会大家都误会我不喜欢女孩吧，完了！这要是有男人追我，可怎么办啊……

哦~~~
你怎么了~

我恨爱情~
什么
毛病~

宝的发明

芹，我研究出了一个谜语发明！
噢~

这把神奇的扫帚，打一四字成语！下面大家请看我伟大发明的演示！
好啊~

嘿！

唰！
啊！

请大家仔细看看，认真猜一下答案。
耶！
看什么看！答案是什么啊？！

答案就是：一扫而光！
宝发明：光之扫帚
大裸疯！你自己光还不够啊！
光溜溜~

男人喝茶

郊游的发现

美丽的
花朵~

娇嫩的
小草~

勤劳的
小蜜蜂~

可爱的
小蝴蝶~

啊，大自然
真是美啊~

我要和
你分手！

哦！为
什么？

蹲坐之研究 上

经过我多年来对蹲便坐便的认真研究，发现蹲便要优越于坐便！
蹲：
坐：
噢，桂博士请赐教！
喔！

1.蹲便更锻炼身体！坐便让人屁股与腿部肌肉群退化！

蹲便好使劲，拉得爽，坐便太不给力，拉好像没拉！

2.蹲便有距离，更卫生！
耶~安全第一

坐便要接触马桶，对有洁癖的人是一种考验！
好多人坐过啊！非要肌肤相亲吗？

3.蹲便更凉爽通风！
微风习习~我透透气，见见太阳

坐便屁股非常之闷，记得屁屁也是有生命的啊~
又黑~又闷~又臭啊~

蹲坐之研究 下

蹲便也有一些需要注意的事项:

丑狗狗之智慧

智慧越高，活得就越累~

人类把生物同样的吃喝拉撒，变得如此复杂~

在我看来……

人类的高智慧可以用四个字形容，那就是……
大愚若智~

遛狗的要点

遛狗的要点是要带上塑料袋，狗便便后就捡起来，爱护小区卫生。
哈！我来试试吧！

拉~

套~

捡~

我补充一下，这方法有个缺点，就是袋太薄，感觉好像真抓上了~

芹~
啊？

你是真抓上了~
袋破了~
噢！！

放空

疯西游之高招

师父，盘缠
不够用了。

又没钱了？
嗯，怎
么办啊？

唉，那洗
个澡吧~
疯了！这时候，
还洗什么澡？

师父，生意不错，
您再洗一会儿~
嗯，你好好
给为师搓搓~
唐僧湯
延年益壽
兩元一碗
哦~

漫画演员

漫画里，还是我们
这些胖的吃香啊~

是啊~越胖
越有地位啊~

对了，阿芹为了提高
人气，最近去增肥了！
噢，他来了！
我增肥
成功啦！

哦！
这货肯定
不是阿芹！
嗨~
分手！

遛狗之秘技

今夜天气

未来生育

前情见第2季172集

给大家出一个桂宝表演谜语题，
我现在的状态打一个四字成语。
6？
是什么啊？

答案就是：
风流（疯6）才子~
哦~
太有才了~

接下来，我的状态
再打一个四字成语。
还来~
这是？

答案就是：
才子佳（+）人~
疯了！
哦！

宝指挥家

宝语录之芥末

牛郎织女外传

在很久很久以前，这天放牛郎小芹在天池边放牛。
之乎者也……

啊！是仙女的天衣！
嘻嘻~
呵呵~

一定是爷爷说过的仙女下凡，据说谁藏起一件，仙女就会和谁成婚~

啊，姐姐们，我的衣服不见了！
哈哈！藏了一件，发达啦！

是我藏的，嫁给我吧！

哦！

讨厌啦~好吧，我嫁给你啦~
唔！我还你行不？
呼~老八总算嫁出去了~
王母娘娘
从此他们过上了幸福的生活~

遵旨

春妞之为什么

前情见第3季第91集

春妞之画像

全家福~

王后

国王

仆人

仆人

太子

妖精

画个圈圈诅咒她

没我美！

好幸福哦~

不是吧~

疯了~

哦~

阿桃店长

嗯！

……

Doctor Kwai
宝津英特耐特大词典
CRAZY.KWAI.BOO

【神马】
shen ma

词义解释:
什么

词语造句:
阿芹神马的，最容易崩溃了~
还不都是你逼的啊!

【浮云】
fu yun

词义解释:
转瞬即逝

词语造句:
美貌帅气都是浮云~只有才华和肚子才是永恒的~
哦~

【荔枝】
li zhi

词义解释：
励志

词语造句：
芹，我看你最近也不锻炼，要荔枝啊，注意点体形啊~
你个大肥肚，还有脸说我！

【鸭梨】
ya li

词义解释：
压力

词语造句：
唉，像我这样又帅又有才的男生，鸭梨真的是很大啊！
臭肥疯！我天天陪着你，鸭梨才大呢！

【大虾】
da xia

词义解释：
高手

词语造句：
我是幽默搞笑的大虾~
那我呢？

【菜鸟】
cai niao

词义解释：
低手

词语造句：
你是经常崩溃的菜鸟~
你才是！

【围脖】
wei bo

词义解释:
微博

词语造句:
请加桂宝腾讯围脖~
http://t.qq.com/agui
新浪桂宝围脖~
http://t.sina.com.cn/kwaiboo
我还没有~

【猪脚】
zhu jiao

词义解释:
主角

词语造句:
我是最佳男猪脚~
芹是最差男坯脚~
哦~红花
也要绿叶
坯啦~

入口!
30分钟内找到所有的好朋友，再找到所有的宝藏，大家一起出迷宫吧!
给养
找到阿芹，友情指数加91分!
加油!
藏宝洞
找到丑狗狗和胖狗狗，智慧指数加203分!

小臭贝大迷宫！
找到阿桃店长，
爱情指数加24分！
找到害怕咚
细心指数加
50分！
藏宝洞
出口！
哈，今天大家聚会吧！
汪~

【表嘛】
biao ma

词义解释：
不要嘛

词语造句：
芹，我要和你分手~
表嘛~

【打酱油的】
da jiang you de

词义解释：
路过无关

词语造句：
宝，快来帮我劝劝阿玉啊~
抱歉~我就是打酱油的，二位忙着~

【帅锅】
shuai guo

词义解释:
帅哥

词语造句:
好吧~我承认我是个帅锅~我给比较不帅的阿芹很大压力~
再说,我就变火锅了!

【果酱】
guo jiang

词义解释:
过奖

词语造句:
你是我见过的最疯的大肥仔了!
哈哈~果酱啦~
宝最喜欢肥字~

【童鞋】
tong xie

词义解释：
同学

词语造句：
阿芹童鞋是一个非常好的童鞋~
你还真有眼力~

【稀饭】
xi fan

词义解释：
喜欢

词语造句：
我们家臭贝非常稀饭他~阿芹非常有狗缘~
汪~
就知道你没好话！

【给力】
gei li
力

词义解释:
棒，支持

词语造句:
桂圆们的支持真是太给力了，我会更努力地让阿芹崩溃的!
饶了我吧~宝哥哥~
哦~

【桂宝】
gui bao

词义解释:
疯，有才

词语造句:
喜欢我漫画的朋友一定都很桂宝!
哦~桂宝太桂宝了!

脸蛋舞之臭贝

脸蛋舞之桂宝

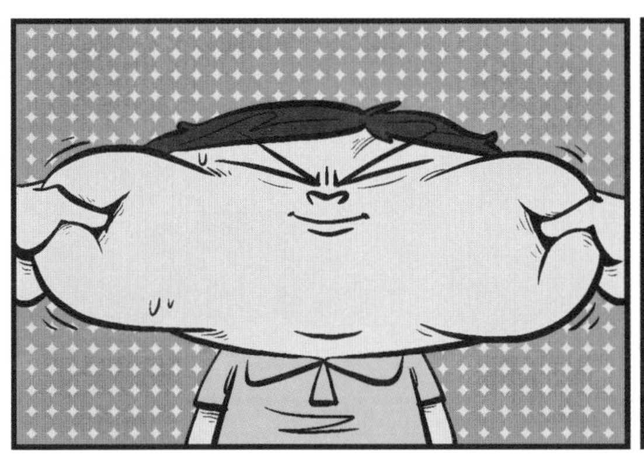

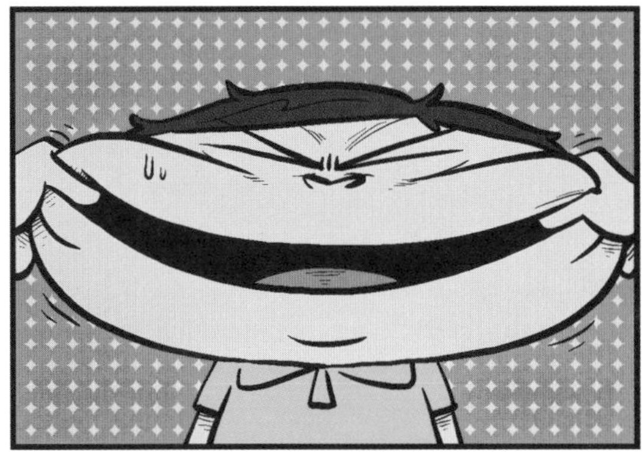
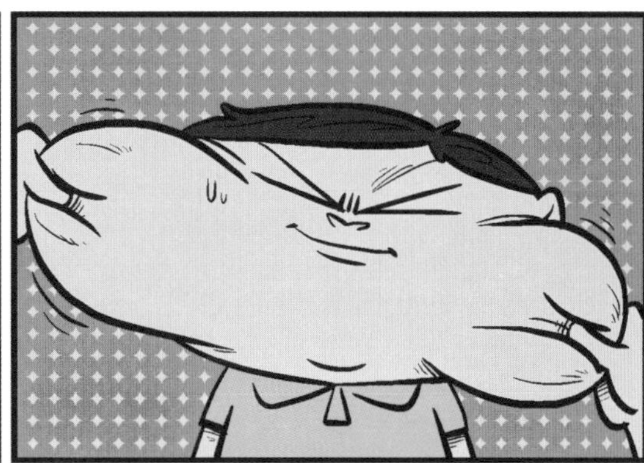

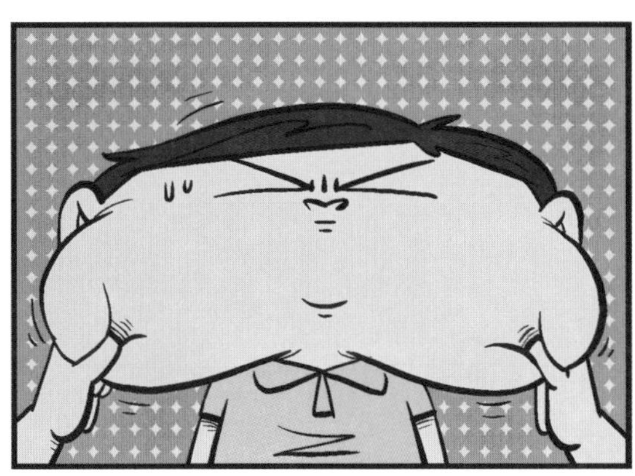

微博控的一生

50年过去了~

十五年前

听说您在音乐生涯中，非常忙碌，经常忘事。
想一想~还真是~
鲁姐有约

像我15年前就有一次要去录音，后来就完全给忘了~
您今天一说，我才想起来。

呵呵，他们不会这15年一直等着你吧？
哈哈哈~怎么会~

与此同时……
该来了吧……

宝式汉堡

熊馆奇闻

美白冠军

鲁姐有约
各位观众！今天我们请来了国际美白大赛的冠亚季军，来听听他们的故事！

季军波斯猫
美白前，我就是只土猫啦！

亚军北极熊
美白前，我只是一头棕熊啦~

哦，你们好励志啊！前后变化好大啊！

这时冠军发话了！
你们的变化都没我大啊！

冠军冰激凌
美白前，我就是坨便便啦！
哦！
哦~

超真诚

新尝试

哈哈~雪停了~
好美的雪啊~
是啊~

我终于可以
尝试一下了！
尝试什么？

这就得靠我
家小臭贝啦！
噢？！

狗拉雪橇~
拉啊！臭贝，我
对你有信心！
唔~
哦~

二贝前情事迹见第4季第35集

手机的抗议

旋盖手机生气地说道：
我受不了啦！人天天让我转头啊！

翻盖手机也悲愤地说道：
我受不了啦！人天天让我做俯卧撑！

这时iPhone跳出来，大叫道：
你们这都算什么啊！
人不但天天使劲摸我的脸！而且最惨的是……
什么？
是什么？

他们还天天戳我的肚脐眼啊！
哦！
哦！

宝语录之背后

每个人心里都
有一个疯桂宝~

正如每个成功的男人背
后都有一个勤劳的女人~

每个成功的肥疯
背后也都会有……

一个崩溃的阿芹~
你这是什么比喻啊！
放过我吧，大肥疯！

血型趣谈1

哎呀，我这么谨慎小心的人，怎么能这么冲动呢，她的为人性格、家庭背景，我都还不知道呢~可是我真的很难克制对她的好感啊！怎么办呢……

血型趣谈2

O型血，一见钟情时的表现。
啊！我的心被击中了！这个女孩真不错啊！

AB型血，一见钟情时的表现。
你好~

我这就去加强火力，去去就来！

……

你好，我叫阿芹，认识一下好吗？

你如果是外星人，那就更完美了~

O型血，一旦看上，攻势超快，攻城第一，但守城超差。
O型血攻得快，退得也快，没有长性~

AB型血，是最让人琢磨不透的血型，完全不在谱上！
AB型血和我一样疯，确实很像外星人。

名言一则

我学到几句关于爱情和便便的名言，写的真是非常贴切啊！
快说说看~

爱情就像便便~

来的时候~忍也忍不住~
还真是~

爱情就像便便~

每次都一样又不太一样~
是啊~

爱情就像便便~
有时努力了很久~

结果却只是个屁~
的确啊~

胖的节日

芹,你知道我为什么这么胖吗~
为什么?

是因为一个节日!
什么节日啊?

就是情人节!
那为什么?

因为每年情人节，我都会收到巨多的巧克力，多到我要用一年才能吃完，所以体形就老是这个样子了。
臭肥疯，你就吹吧!
情圣~桂宝~

满意的部分

这天水果们聊天，苹果自豪地说：
我最满意我的脸蛋，多光滑~

香蕉听了骄傲地说：
我最满意我的腰身，多苗条~

鸭梨也高兴地说：
我最满意我的肚子，多富态~

这时，桃认真地大叫道：
你们的都一般啦，我才是最强的！
你？
你哪里好？！
哪？

我最满意我的屁股，多迷人~
哦~
哦~
哦~

宝之版本

丑狗狗之朋友

人说狗是人类
最好的朋友，

也就是说，
朋友的最佳
标准是用我
们来衡量的！

我总结了
一下……

最好的朋友就是~
洗澡拉屎都被
你看过的人~

闹虫记

晚之奇谈

傍晚说：
人们夸我是朦胧美丽的傍晚，最适合约会~
是啊~

夜晚说：
人们夸我是灯火辉煌的夜晚，最适合聚会~
嘻嘻~

这时，有人大叫道：
不公平啊！
怎么？
你是？

春晚悲愤道：
凭什么同样都是晚，你们就天天有人夸，我就年年被人骂啊！
春晚！我容易吗！我！
哦~
哦~

俗语研究员之响

各位同学，今天感谢阿芹和害怕咚同学协助我们这次俗语实验。
在实验过程中，他们互相看不到对方的表现！
二贝~

实验开始~
哦！
아!

好，实验第一部分结束。
啊，我受不了啦！

……

啊！你放屁了！

结论是俗语“响屁不臭，臭屁不响”不正确，实验表明：屁都是臭的！
呜~
嗯~

美容的收获

哥最近用土豆片敷面膜，
据说能够去掉黑眼圈。

每晚敷完，正好就
把土豆片喂小臭贝。
效果怎
么样啊？
唔~

一段时间后，哥美容
却另有了收获……
是什么？

我美了~
狗胖了~
汪~
哦~

未来重阳节

话说啊，在五百年后……
唔~
2510年的重阳节是这样的！

火星殖民地
独在异乡为异客，

每逢佳节倍思亲。

遥知兄弟登高处，

遍插茱萸少一人。
故乡地球

斑的说法

阿玉你脸上有斑啊~
嗯~

没礼貌，说女生脸上有斑，要加个形容词啦，比如说“小雀斑”啊，这也好听些~

……
我说你一直没对象呢，换个说法，再问一遍~

阿玉你脸上有老人斑啊~

身价趣谈

这天酱油和豆油争论起来:
我涨价啦~
我涨得比你多啦!
酱油哥~
豆油哥~

香油听到了,牛哄哄地说:
噢~
喔~
你们涨得
可没我高啊~
香油哥~

这时一个声音大叫道:
都别说了,涨价
你们能和我比吗!
你谁啊!?
哪位啊?
谁啊?

石油叔!
我是石油~
哦~
哦~
啊~

什么鱼

桂宝表演谜语秀
这叫旁白~
白

这叫自白~
白

这叫……
白

表白~
I ♡ U
表白的时候，
可以用这招噢~

神探狄仁疯
小猪被害了，根据我多年的断案经验！

可以肯定……
凶手就在你们中间！

不错！凶手就是你，小狗！
啊！为什么说是我！
啊！

那是因为~
戌狗害（亥）猪啊！
太有才了~

分手原因

唉~物价
又上涨了~
我以后要早餐费减为
3元，晚餐费减为4元。

这1元钱什么时候能
变成1000元，就好了~
嘻嘻~

我要和你分手！
啊，为什
么啊？

因为我发现
你是一个~
朝三暮四，
见一（异）
思千（迁），
的男人~
哦~这是
哪跟哪啊~

宝语录之丑小鸭

臀嘴协议

这天，屁股对嘴发飙了！
嘴，凭什么你吃香的，我拉臭的~
你天天见阳光，我天天闷裤裆~
噢！这个~

最不能容忍的是！你一天口红唇膏的，美得不得了。
我这么珠圆玉润，竟然都不能美一下~哥我不干了！
唉~屁哥，不要激动嘛~

别不干啊，我们商量一下，您看我们就这样……
嗯~
好好协商一下~屁哥意下如何~

协商结果是，屁股要露着，并涂上口红~
疯了！你以为你是猴啊！?

这日，武学家肉包子师父对弟子严肃地说道：
徒儿，你的功夫已经学成了！
嗯！谢谢师父教导之恩！

为师今日要带你一起去找本门的大仇家，为你师叔报仇！
噢！

他当年去找那个仇家，一去就再没回来！
师父，我们要去打谁啊？

去打狗！
哦~估计咱爷俩也回不来了~
肉包子打狗~一去不回头~

吃三明治记

嘻嘻，一片火腿，两片奶酪，三片生菜，两片吐司，加番茄酱，宝记三明治完成！开吃~

哦！有人来？！
汪汪~

平时门口有人，臭贝就会叫，可能是送信的~

门口没人啊~

奇怪~平时臭贝一叫，肯定有人来啊~

哦！

我觉得它一定是有预谋的~

最高赞美词

宝，你这是怎么啦？
唉，我该怎么让店长了解我的心意呢？天才是不懂谈恋爱的~

这个我教你啊，只要用你所知道最好的词赞美她，女孩就会感受到你的心意啦~
哈，我明白了！

店长……
啊？
加油！

你好肥噢~
……
哦！疯了~

阿芹血泪史

我今天用图示，形象地给大家讲讲，阿芹被我逼疯的血泪史！
你终于知道体谅我了！

那真是，有血！
嗯！是啊！

有泪！
感人啊！接着讲！

有史（屎）啊~
再次崩溃~
哦！放过我吧！

谁有暗恋宝

给大家出一个桂宝冷谜语，请问，谁有暗恋我？
哈，谁这么不开眼啊？

答案是苹果！
呵呵~
讨厌啦~你怎么知道的？

那是因为……
嗯？
什么？

苹果有爱疯（iPhone）啊~
哦！
疯了~

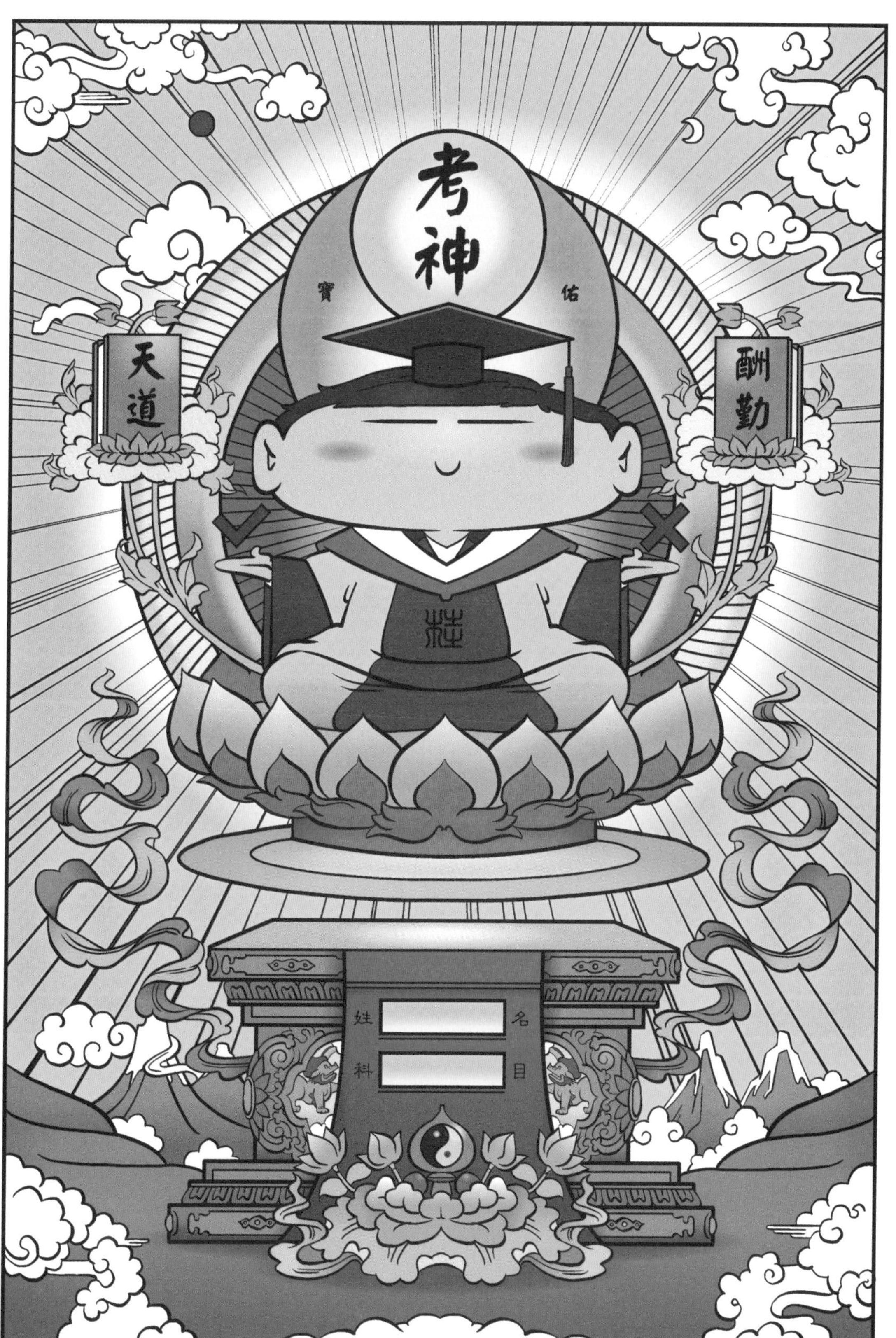

考神寶佑圖秘笈：將姓名與學科寫入保佑神壇，便能保佑勤學之人考試吉祥順利！

声东击西

吃什么

同学们，明天春游，午餐由学校为大家准备，
请大家报一下，自己吃什么？

我是吃草的~

我是吃糠的~

我是吃虫的~

……
桂宝你呢？

我是吃他们的~
唔！
啊！
哦！

宝语录之今天

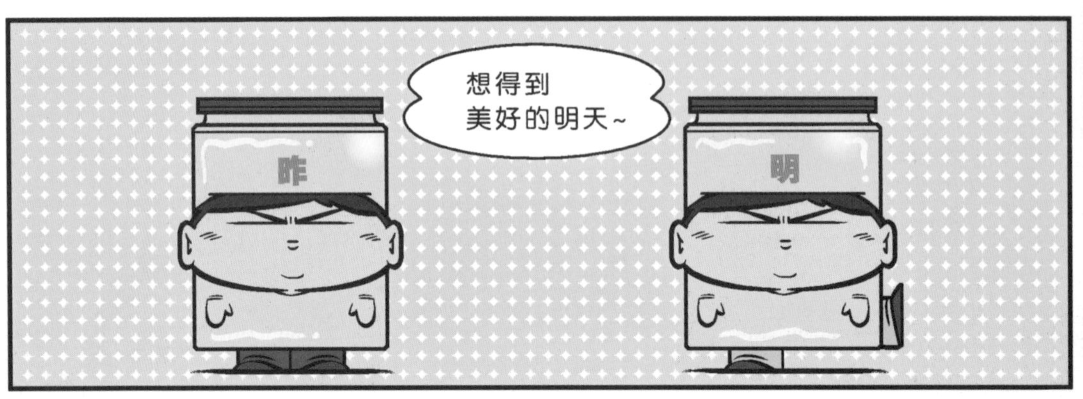

CRAZY.KWAI.BOO

宝战记之第九元素

我找到
启动神
器的秘
方了！
一起去
战斗吧！
夺回我
们的城！

我不能去！

牛丸兄！是时候了！
你还犹豫什么？

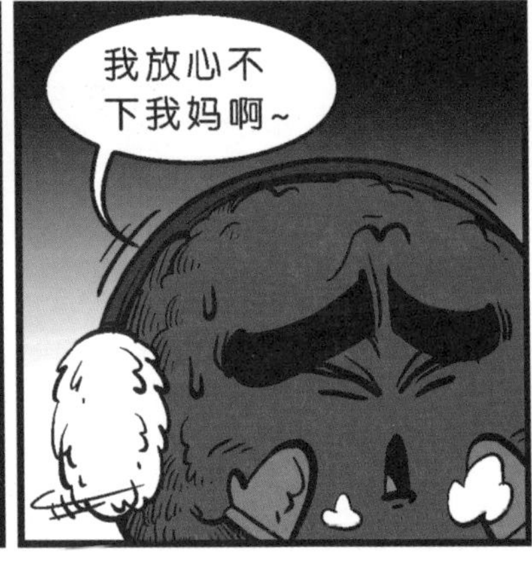
我放心不
下我妈啊~

傻儿子！谁
要你照顾！
妈！
哦！

你可是娘身上掉下来的一
块肉啊！娘也不想让你走！

今天我必须告诉你，
你的爸爸是谁！
是谁？
哦！

你爸爸就是濑尿虾啊！
（皮皮虾，又称虾爬子）

而你也不是
普通的肉丸！
啊？

你就是传说中的，
爆浆撒尿牛丸！
原来是
包心小
牛丸啊！

记住，你
是一个有
心的牛丸！
去吧孩子！
大家需要
你！
仗打完了，顺便去找你爸！
那年他和小猫一起去玩，
就再没回来！
好！妈妈！
然后去找谁？
羊大侠！

我不想去，
作战会让
我肤色变
暗的。
你们
去吧~
羊肉
卷！

有一个你
必须要去
的理由！
什么？

过一段时间，天气暖和了，你再不熟，可就要臭啦。
哈！一起战斗吧！
……
现在去找谁啊？
黑白双侠
我们是黑白百叶！
两位太软了，作战会让你们都结实一些。
好！
参加！
下面去找谁？
红大侠！
哈哈！我血豆腐就等你们来啦！我已经热血沸腾啦！
哈哈，我一定要参加战斗！来，让你们看看我的功力！
嘿！
来，使劲把我夹起来！
嘿！
看，我绝对是一块夹不碎的正宗劲道血豆腐啊！
正宗东北血豆腐！

啊，热血的斗士们！让我们用火红的青春，去谱写生命的辉煌吧！

哦！四大女侠到了！

生菜~

金针菇~

宽粉~

蒿子~

找我们干嘛啊？

我们对打架可没兴趣！

像你们这么美丽的女孩，就好像绽放的铿锵玫瑰，在我们战队中是多么靓丽的风景啊，不参加的话，真可惜了你们的飒爽英姿了！

哈！我们参加！

说得好啊！

这胖太有才了！

是啊！

啊！
哦！
噢！
锅山之巅！
一决雌雄！
好大的锅啊！！
哇！

哈哈！桂宝
你真来了！
想在我手中夺回锅之城，门都没有！就凭你也想启动神器，做梦吧！
只有我们瑞士火锅，才是火锅中的王者！我们有乳酪和大蒜熬制的美味汤汁！用面包和西兰花粘着吃，绝对是人间美味啊！
哈哈！
RH01
再配以白葡萄酒，更会让我们的战机，能量百倍！
啊！太可怕了，用乳酪做火锅！
天啊！还用大蒜！
匪夷所思的外派武功啊！

蹬！
蹬！
蹬！

我找到启动神器的秘方了！这就是神之汤料！
你的汤料再也不能猖狂了！！

哗~

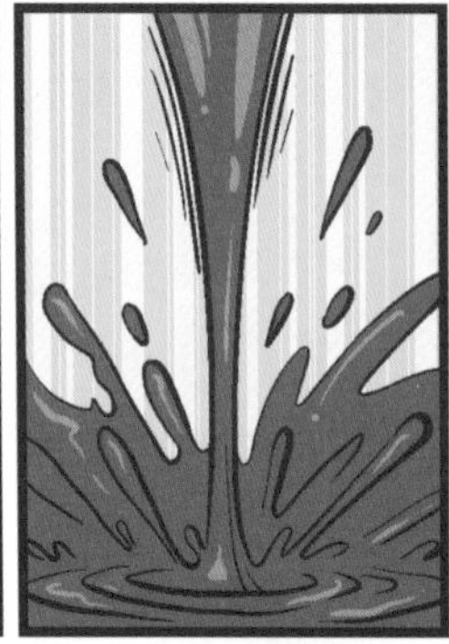

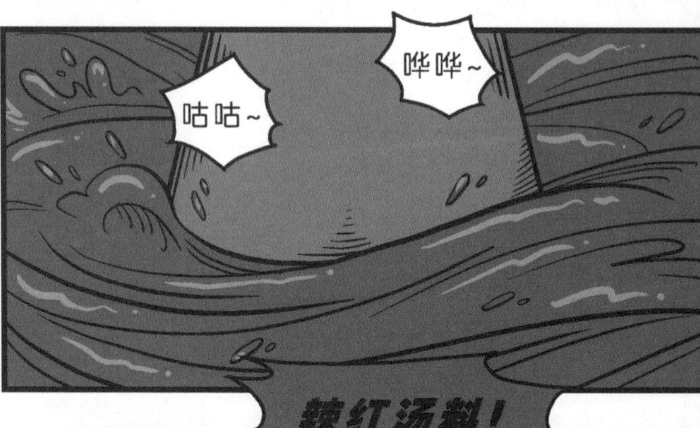
哗哗~
咕咕~
辣红汤料！

嗡！
嗡！
嗡！

神器启动了，大家快进去，各司其职！准备战斗！！
热血啊！冲啊！
哈！
嘻！

啊！不能让神器
启动！开炮！！
发射！
咻！
轰！！！
哼哼！
哦？！
嘶～～

轰~~
隆隆~~
哗哗~~
秘密火锅战机！
我们的秘密火锅！才是真正的火锅！
HG01
喝什么酒！吃火锅还是要配雪碧才够爽啊！
火锅的真谛是感情的交融！是多种口味的融合，明白吗？

呼！！
嘿！接招！
哈！杀啊！
锵！！！！
力量不够啊！
是！能量不足，我们操作得非常吃力！
为什么！
因为你们就是弱！给我躺下吧，看拳！
啊！
轰！！
嘭！

为什么！八大
元素都是对的！
汤料也是对的！
为什么还是
能量不足呢？！
对了！师父
曾经说过……

宝啊！要启动神器火之锅！一定用你的心
去感受！火锅的真谛不仅仅是原料的齐备，
更重要的是找到神秘的第九个元素啊！
第九元
素！？

用心感受食客的需要！
火锅还需要什么呢？！

嘿嘿！不用再想
了，准备去死吧！
如果是我在吃火锅，
我还需要什么呢？

啊！是了！！

我知道第九元
素是什么了！

各位！快把我托起来！
好！！

脱~
啊！这是？

呼！
噗通！

哈！
第九元素就是我！吃火锅！
雪碧必须是冰的才过瘾啊！
冷桂宝！

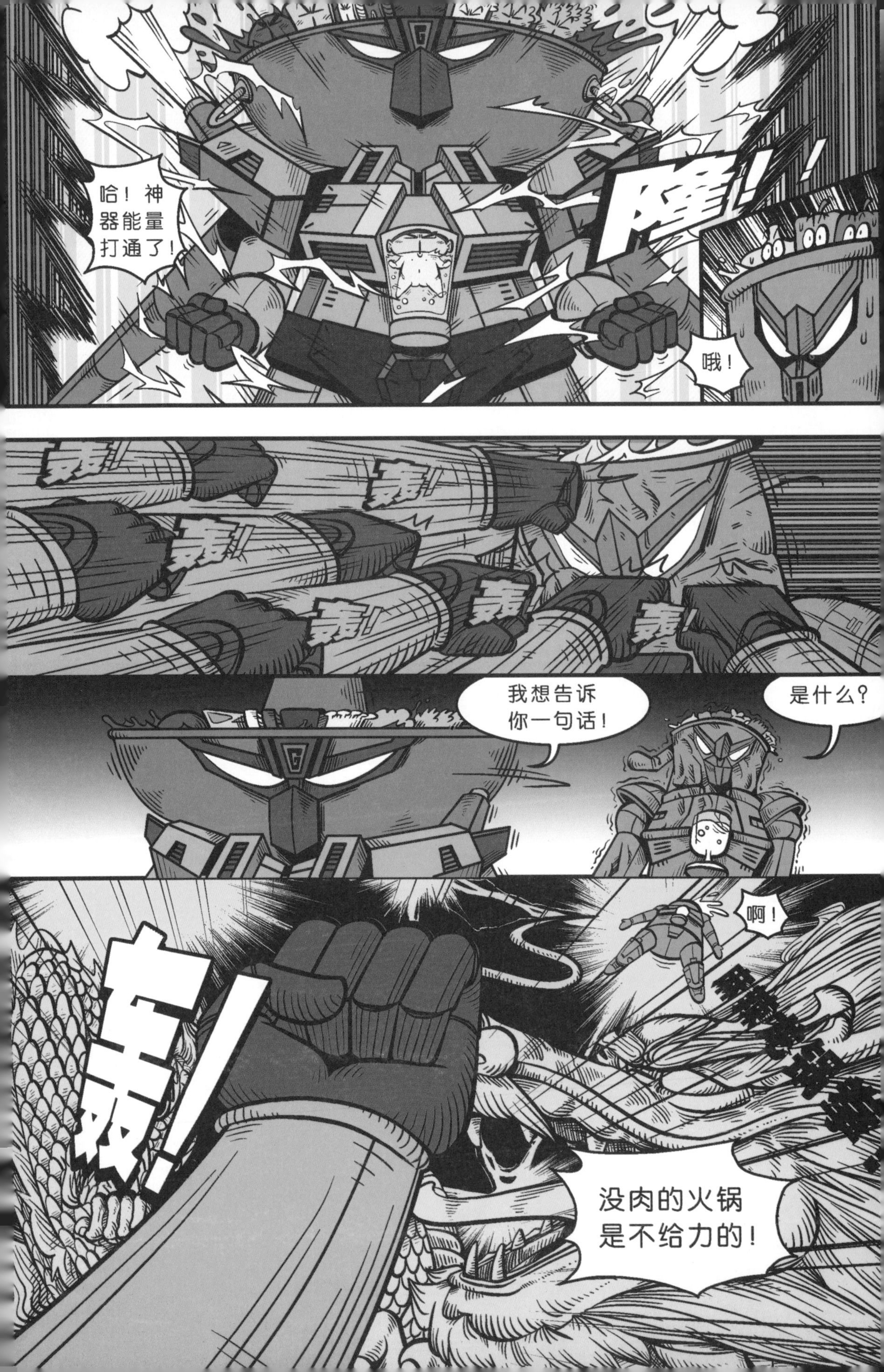
哈！神
器能量
打通了！
隆！！
哦！
轰！
轰！
轰！
轰！
轰！
轰！
我想告诉
你一句话！
是什么？
轰！
啊！
没肉的火锅
是不给力的！

哦耶！
胜利！
火锅是哥爱的见证！
不能允许你们乱来！

呼~

啪！

我能量不足了！

啊！怎么补
充能量啊！
怎么办啊？

嗯？
什么方法！
只有一
个方法！

哦！
啊，不
要啊！
哦！
啊！
让我一人吃你
们一口就成了！

·本集完·

宝语录之豌豆

各位观众，如果十二星座得到了阿拉丁神灯，会许什么愿望呢？以下是本台的独家采访。

我的愿望是成为宇宙级别的冒险家~去各个星球探险！
3月21日至4月19日
白羊同学热情，好奇心重
客串：表情仔

我的愿望是成为世界首富，超过比尔·盖茨和默多克~
4月20日至5月20日
金牛同学厚道，能忍耐
客串：害怕咚

我有个小小的愿望~
不满足我一百个愿望，别想走！
5月21日至6月21日
双子同学疯了，汗~
客串：阿岸

我的愿望是让全世界的孩子都有幸福的童年和温暖的家。
6月22日至7月22日
巨蟹同学具有母性光辉
客串：阿桃店长

我的愿望是当个美丽强大的女王，每天穿得特漂亮管理国家！
7月23日至8月22日
狮子同学自信大方
客串：宝妹

我的愿望是我能拥有一个没有病毒细菌、整洁干净的世界。
8月23日至9月22日
处女同学爱干净，求完美
客串：喵喵老师

我的愿望是人人都变得美丽英俊，每天都好像生活在画里！
天秤同学崇尚公平与美感
9月23日至10月23日
客串：胖狗狗

我的愿望是再拥有第七感、第八感，来洞悉宇宙的奥妙！
天蝎同学有强烈的第六感
10月24日至11月21日
客串：宝师父

我的愿望是做女儿国的国王！重点是，是美女女儿国噢~
射手同学开朗乐观
11月12日至12月21日
客串：宝爸

我的愿望是……保密！
摩羯同学严谨呆板
12月22日至1月19日
客串：阿玉

我的愿望是全世界和平团结，为全人类的幸福努力！
水瓶同学喜好自由与博爱
1月20日至2月18日
客串：宝妈

我的愿望是生活在红楼梦里，然后再把可怜的宝玉带出来~
双鱼同学忧郁且多情
2月19日至3月20日
客串：符号妞

这十二位同学都很讲究啊！您是哪一位的星友呢？好，报道完毕，大家有空找个阿拉丁神灯试试吧！

高科技问题

有一个高科技的问题，我思考了很久，今天终于找到了答案！
什么问题啊？！

这个问题是：有个人便便以后，站到体重称上，惊讶地发现，他的体重竟然没有丝毫的减轻！
怎么可能？这是为什么？

研究小组终于得出了结论，相信那一定是……
是怎么？

拉腿上了！
哦～

演员与肚子

阿芹，知道一个偶像派演员的天敌是什么吗？
是什么？

就是肚子，像我就没有肚子~
哇！你什么时候练的啊？

呼~
哦？

有肚子的都是实力派~
有也没事~
大肥疯~
耶~

阿芹与陀螺

芹哥，我真是太崇拜您了~
芹哥，我真是好爱你啊~

咦！臭贝自己上厕所了~
唔~

阿玉，让我们一起爱戴和拥护阿芹吧！
好！我们一起关心他，再不让他崩溃了！
这是第几层梦啊？！转陀螺试试吧~

啊！
我是台风！
哇！
太疯啦！
啊！
哇！

小昆虫之趣

疯西游之整容

师父，我请几天假，我要去整容，把鼻子加长！
啊？

师父，我也要请假，我也整，我要把尾巴切了~
噢！你俩这都是为什么呀？！

因为啊……
现在啊……

鼻子长就能进动物园，鼻子短就得进屠宰场啊~
有尾巴的永远被没尾巴的耍啊！
哦~
噢~

宝表演谜语

今天给大家出一个
桂宝表演谜语题！

请问，我现在这个状态，打一动漫明星！
噢！

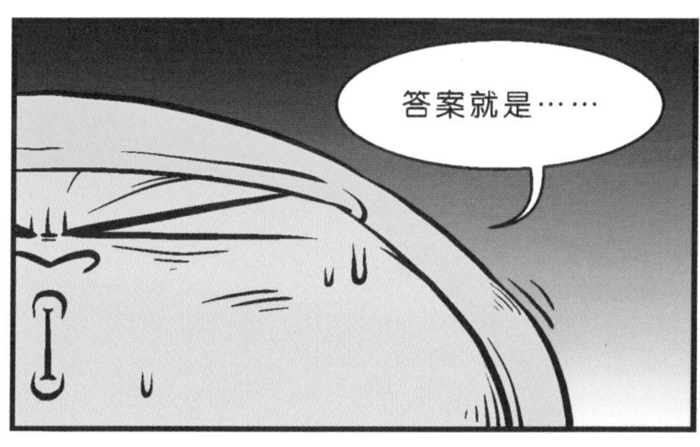
答案就是……

是什么？！
答案是？

大黄蜂（疯）！
哦！真桂宝！
疯车人变形！
太有才了！

宝游泳赛

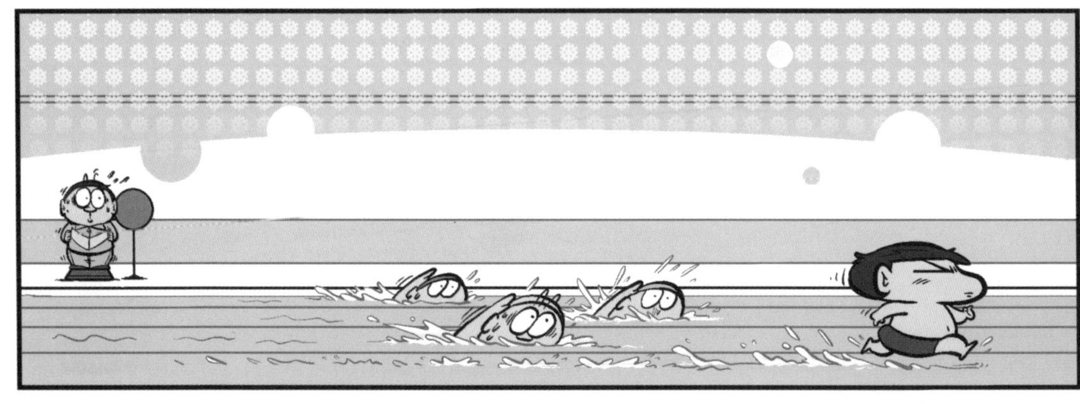

宝半仙之奇缘

桂半仙
嗯……

从手相上看，你今日要有天降奇缘啊！
真的假的？

也不知道准不准~

帅哥~认识一下好吗？

好！缘分来啦！

天降奇缘！
交个朋友吧~
UFO~
不是这么准吧！

宝语录之鸭梨

瓜的幽默

太牛了

阿芹，做人一定
不要太牛了噢~
为什么啊？

因为从前有一个人特别牛~
哼哼~~
牛哄哄~
噢~
真牛啊~
喔~

可是，后来……
怎么了？！

后来，他就被送到麦当劳作汉堡了~
哦~

宝半仙之面相

桂半仙
哎呀,你的面相很一般啊~
噢!怎么办呀,大师?

桂半仙
耳朵不够大,鼻子不够圆,嘴唇不够厚,额头不够高,嗯~我帮你调整调整吧~
好啊!谢大师!

桂半仙
呼~~~
稀里~
仙风一阵~
哗啦~

哇!
超级标准的好面相!

臭贝的新用处

阿芹，臭贝有一个用处，
冬天时给了哥很多温暖~
噢~

什么用处啊？
给我表演一下~

这个用处
就是……
嗯，
什么？

当帽子！
纯毛的噢~
好时
尚啊~
太有
才了~
哇！

三个游戏名

给大家出一个桂宝表演谜语，打三个游戏名称~
请大家注意我的动作~

跳~

围巾~

纸片~
丝袜~

这三个动作的答案，分别是……
是什么啊？

跳棋（旗）、围棋（旗）、象棋（旗）
哦~桂宝~

随便的范围

阿玉，冰激凌
你要大的小的?
随便~

随便也说
个范围啊~
怎么说?

比如说您随的是
大便还是小便啊~
芹又玩
幽默了~

我的幽默之
路好艰辛啊~
分手!
可怜的
阿芹~

蛋的节日

这天，鸡蛋家里~
唉，兄弟姐妹们有娶番茄的，有嫁青椒的，还有生小鸡的~
是啊~

这一盒就剩我们几个了~
真悲哀啊~
嗯~

哈！兄弟们不要悲伤，你们知道吗，这世界有个专门为我们过的节日？
啊！什么节日啊！？

那就是剩蛋节啊（圣诞节）！
哦~

数字印象

一天，4对2说：
老兄，我对你的印象是……

你是真2啊~

2听了，对4说：
老弟，我对你的印象是……
是什么？

你是
加倍的2啊~
去4吧~
哦~
2×2

今天给大家讲一个谜语故事~
便便哥很爱便便妹，但他没钱没房，所以他就开始奋斗！
要追到心爱的女孩！这打一四字成语！

努力！奋斗！
为爱粪斗
答案就是：粪（奋）起直追！
励志的男人真帅~

后来便便哥终于追到了便便妹，并买到了属于自己的房子！再打一四字成语！

答案就是：屎（死）得其所！
独栋别墅啊~
好幸福啊！
便便的家~

丑狗狗之伙伴

人孤独地来到了这个世界，就是要找个伴的~

找来找去，人在万物中选择了狗做为伙伴~

这是为什么……

因为狗身上有人类最需要也最缺少的东西~
就是忠诚与知足~

神秘关系

给大家出一个桂宝经典冷谜语~

请问青蜂侠和蓝精灵
是什么关系？

答案就是……
好神秘啊！
是什么？

是母子！因为
青出于蓝啊~
疯了~太
有才了~
哦！

老对头

小区院里有一条狗，
是臭贝的老对头。

哥一般尽量避
免它们碰面。

一旦碰面情况就是这样
的，于是哥也就……
汪汪~
汪汪~

一起投入战斗！
汪汪！
汪汪！
汪汪！
汪汪！
汪汪！
精神病吧~

花山比嫩

这天黄桃宝哥和黄瓜脆哥又争了起来!
还是我最黄最鲜嫩!
还是我最黄最鲜嫩!

前情见第5季第135页《花山论剑》

你老了,不是黄绿,已经是墨绿~
讨厌!人家正青春年少~嫩着呢~

来这桶绿漆送你~你刷刷自己吧~
什么意思?

这就叫:
老黄瓜刷绿漆~装嫩!
哦~我试试~

宝语录之童心

饼的老公

这天肉饼姐妹们聊天~
嘻嘻~
听说你老公是外国厨师，它是谁啊？

它是意大利馅饼！
哇！真好！

哼，一个外国厨子算什么！我老公可是外籍飞行员！
啊！你老公是谁啊？
是谁？！

它是印度飞饼！
哦~确实~
不错~

宝项目

阿桂秘史记

静音崩溃记!

肥疯特供!

唔~

大家都知道，漫画家的工作非常劳累，每天在一个小屋里，没完没了地画。
漫画家真不容易啊~
正所谓交稿时，潇洒风流，赶稿时，残花败柳啊~

尤其是像哥这样又帅又敬业的漫画家，心理和身体的压力就更大~
为了桂圆们的欢乐，哥豁出去了！
每每在构思故事的时候，我都会非常敏感~
嗡
嗡
呼
在第六季创作时，我忽然有个感觉……

发现电脑运行的嗡嗡声和呼呼声，太影响思路了~
哥放了个哑铃上去，共振的嗡嗡声没有了，但还是有呼呼的风扇声~
呼~
呼~
呼
于是，哥想了几个方法……

方法一：到厨房在本上画，可是没有投入感，而且不好修改。
太不舒服~而且老想去冰箱拿吃的~
给
给我
给我
给我
方法二：用笔记本写脚本，但不能直接画，不直观。
写小说还行，写漫画脚本就不方便了~
唔~

方法三：关了电脑在床上躺着想故事，一开始还行，想着想着就……
呼噜~
啊！不行啊！我只有换掉旧风扇和机箱了~
振作啊！
于是哥抬着电脑去了家旁边的电子城~
请问，有没有完全没有声音的机箱和风扇？
有非常小声的，但完全无声就难了。
我听你这个机箱声音很小啊~还用换吗~
换！把CPU、声卡、电源的风扇，还有机箱通通都换新的，能小一点是一点~
唔~
好吧~
这哥们~估计精神不正常~

于是师傅找件，
抓件，开始换！
嘿！
哈！
嘿！
装好了~听听~
好像声小了好多啊~
不过卖场的环境噪声大，
我回家再试试~
于是哥欣慰地抱
着机箱回家了~
真锻
炼啊~
新的静音机为防噪音用的，是加厚钢板，真是超沉~
海L电
哈~开机啦~
听听~
嗡嗡声是小多了，但呼呼声还
有啊~好像还越听越明显~
呼
呼
呼
呼
呼
呼
极其微小，但
哥就是受不了~

这时,我忽然想到,好友说过~

水果牌一体机没声啊~

于是哥奔往中关村~

嗯,去看看水果牌吧~

水果牌是不是没声啊~我想要完全没声的电脑~

不敢说完全,但绝对比PC小很多啊!

我试试~

声还真小!
这个好啊!
不愧是水
果牌啊!
价钱多少啊?
啊!!太贵了吧!
哥得多少时间不
吃不喝啊!
大价钱!
物有所值啦!
忍了吧,别买了~
……
忍不了啊!
于是哥吐血买了一台回家~
贝贝和哥一起
减肥省钱吧~
回到家~
哥马上就
要尝试一
下~哈哈~
啊~哥终于能享受到
宁静的工作环境了!

绝对……的……安静……
开机了~

……
听~

有嗡嗡声！而且不同于PC风扇的呼呼声，
这回是共振的嗡嗡声，嗡得人好难受啊~
非常之微小的~
但又挥之不去~
嗡~ 嗡 嗡~ 嗡~

我再
听~

原来是一
体机屏幕
中部的硬
盘共振到
了后面的
三角托架！
托架和桌
子相振，
就一直在
嗡了~
硬盘
嗡 嗡 嗡~ 嗡~

啊！！！哥疯了！！
哥没法活啦！！

哦！有
主意了！

哥把从中关村买来的隔音棉裁下一条，贴在电脑的托架上~
隔音棉有一面是带不干胶的

然后再在电脑下面垫两层枕巾，避免其与桌面共振~
枕巾
隔音棉

搞定！
哈哈，这下我看你还能有声不~
哈哈~~
已经濒临崩溃~

开机！

再听……

还有啊~~
虽然很小很小，但哥还完全能听到~
嗡~
嗡
嗡
嗡
嗡
嗡
嗡
嗡
令人崩溃的嗡嗡声啊~

于是哥半夜12点给好友打电话对比一下~
疯了
是有一点小振动，但基本可以忽略，很正常的~不是毛病~
唉~可是哥没法忍受啊，于是哥决定……

那就把隔音棉揭下来，退了吧，凑合用PC，省钱吧~

于是我一撕~
哦！撕不下来~
胶很强力！

哈，要淡定，没事，我改用锥刮下来~

于是我一刮~
哦，不但刮不下来！还划花了好几道！
咔吱~

啊！我咋没想到，这会刮出道呢？啊！没法退了！
这些年买的东西里，就数这隔音棉最给力啊！
我的口粮啊！
折腾了好几天！花了这么多钱！
这质量咋就这么好呢？刀都刮不下来啊！

为什么啊~给哥一个安静的环境不好嘛~
哥不行了~~救命啊~~~
嗡
嗡
嗡
嗡
不行,为了可爱的桂圆们~
哥要振作啊……
嗡
嗡
嗡

调整心态吧~

……

调整不了~

电脑放在桌上,我越看越没法调整~
忽然哥想到了……

对了,送给老妈用吧!

于是连夜给老妈送去~
冷啊~我有精神病吧~这天天都折腾什么呢~
月黑风高~

于是老妈当晚高兴得一宿没睡~上网通宵看了电视剧《铁梨花》。

哈！效果真好！

哎呀，这梨花婶真是不容易啊~

哥在冷风中，略感轻松地回家了~

老妈高兴，我就高兴，双赢啊~钱花得值啊！

我的静音之路好崩溃啊~

接着，哥在家发呆~

其实哥不是追求完全无声，哥是很喜欢外界的声音的,比如鸟声、车声、乐声等等，不过那段时间实在是受不了低频嗡嗡声。

有时，耳朵急着想要安静时，是因为心里无法安静~

有时，学会静心，比研究静音更重要~

有时，简单的小方法，往往会让所谓的大事情舒服地解决~

有时，你为外物烦躁的时候，原因往往就在内里~

在这个大时代里，静心是最难办到的一件小事~

·本集完、

~桂圆桂花大画廊~

画成桂宝
八步秘技！

1．想画桂宝，
种个蘑菇。

2．理出分头，
穿上衣服。

3．招风大耳，
一边一朵。

4．细丹凤眼，
两条直线。

5．一对剑眉，
三条竖线。

6．大M鼻子，
独树一帜。

7．一字小嘴，
二字下巴。

8．三字脸蛋，
完成桂宝。

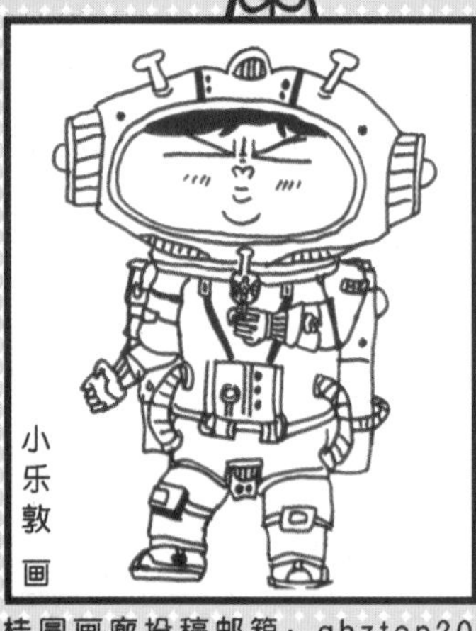

小乐敦 画

玉米胡子大嘴怪 塑

LOVE爱范 画

桂圆画廊投稿邮箱：ghztop2001@163.com

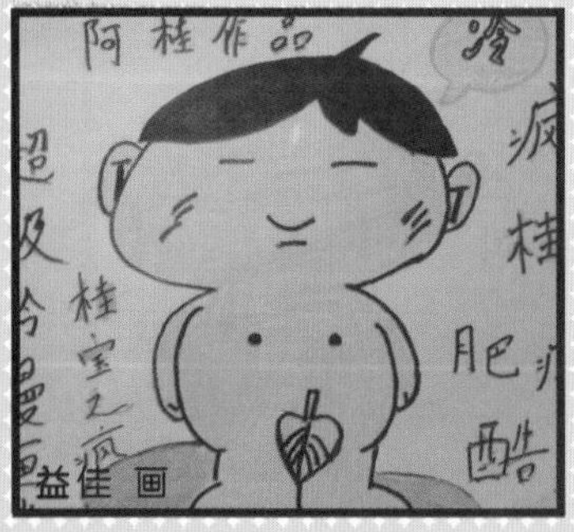

益佳 画

真爱一生 画

王正 画

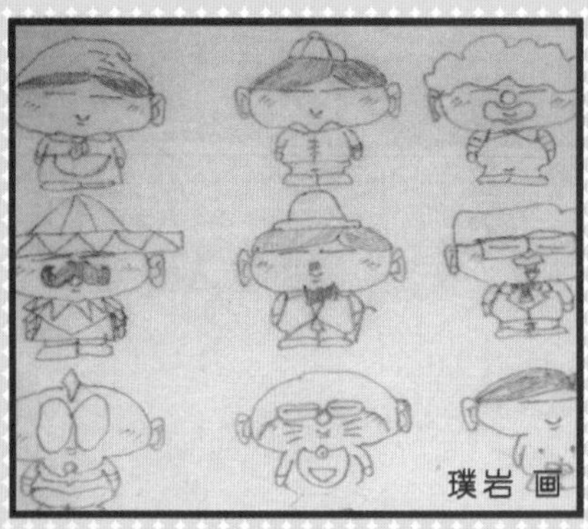

璞岩 画

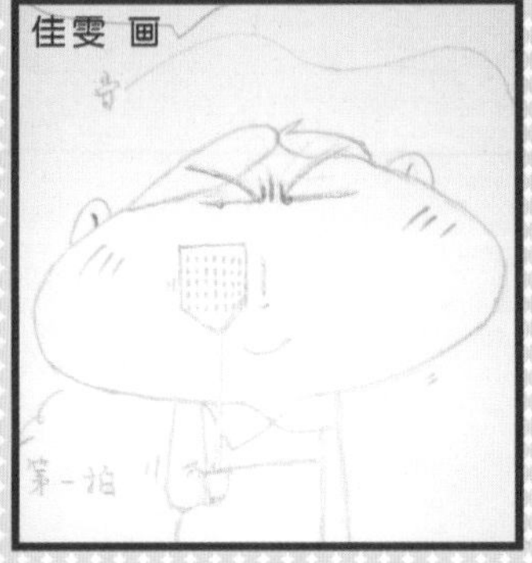

佳雯 画

我就是包容 画

鱼刺爱悦悦 画

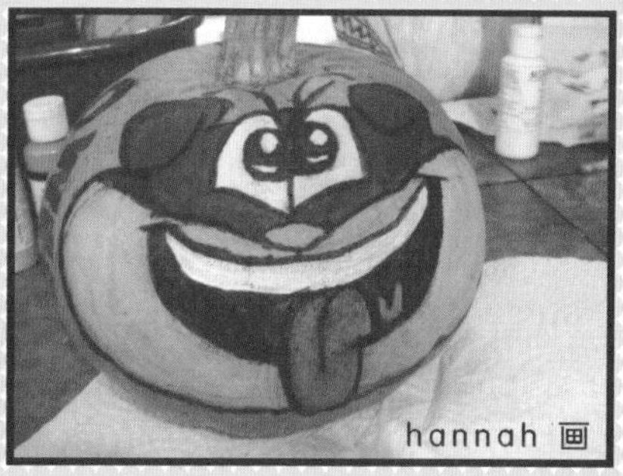
hannah 画

苏小猴 画

BlingBlingShan 画

徐靖 塑

lorraine 画

微博投稿方法：您可以将画作拍照上传到腾讯或新浪微博，然后@阿桂，好作品我们会转载噢~

绘海 画

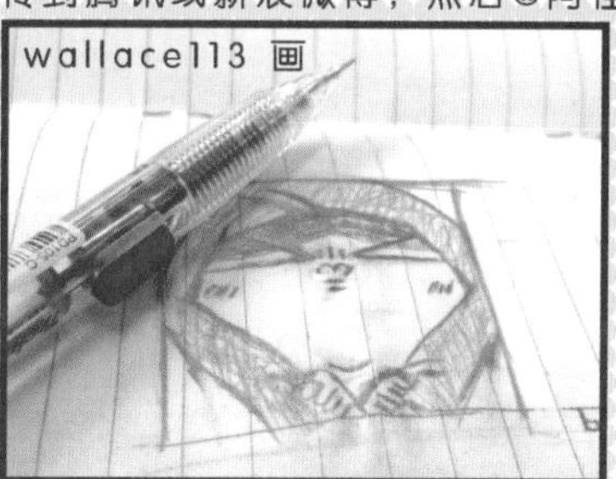
wallace113 画

园园 画

各位桂圆桂花，上一季阿桂哥我出了一个专研多年的千古绝对：

很多才华桂圆对出了自己的下联，哥摘录了一些，供大家一起学习交流一下。

佳对大展

桂圆桂花爱桂宝 思艺对（嘻，好温暖啊~）
结尾皆为解微分 辣椒禁地对（哈，祝考试顺利~）
医生一生医生人 利芳对（哦，那熟人怎么办~）
布什不是不识数 chunyeying对（汗，布什哭了~）
冰棍冰柜冰桂也 宇轩对（嗯，真冷啊~）
桂宝贵是贵人也 梦之翼对（哈，太给力了~）
阿芹啊琴阿秦帅 轻描淡写对（嘻，终于有夸阿芹的了~）

如果还有高人能对出来更牛的下联，就赶快发来邮件啊，投稿邮箱：ghztop2001@163.com

疯了，疯了，桂宝！开心之宝！

哈哈，桂宝1、2、3、4、5季，你拥有了吗！没有就快去书店拥有吧！

哈

汪

好喂~

桂圆漫画俱乐部

亲爱的桂圆，发挥你疯狂的想象力，画好填好下面的漫画吧！完成后，您可以拍照上传到腾讯或新浪微博，然后@阿桂，好的作品会被转发噢~

桂圆俱乐部投稿邮箱：ghztop2001@163.com

哈哈，这次阿桂哥在北京西单图书大厦的签售非常成功，感谢桂圆们的大力支持！

我最乖了~
小臭贝的人气好高呢，看臭贝这水灵灵的大眼睛，呵呵~

独家报道，这是阿桂哥一顿的饭量噢！不愧是天才的胃口啊！

嘻，我的玩偶已经出来啦，我这体形确实好啊！

这次去广州签售，哥特开心，感谢可爱的陆哥，感谢艾米、璐璐、lily姐几位大美女！

嘻嘻，这季的报道就到这里，我要去和伙伴们吃肉啦！哈！祝大家都有好胃口，好心情！
哈哈！我们下季见噢~